Lk7 4526
AF724297

VOYAGE

A

LA MALADETTA.

PARIS. — IMPRIMERIE DE FAIN ET THUNOT,
Rue Racine, 28, près de l'Odéon.

VOYAGE

A

LA MALADETTA

PAR

ALBERT DE FRANQUEVILLE.

BIBLIOTHEQUE ROYALE

PARIS,
L. MAISON, LIBRAIRE,
ÉDITEUR DU GUIDE EN FRANCE DE RICHARD,
Quai des Augustins, 29.

1845.

VOYAGE

A

LA MALADETTA.

Il n'est aucun des nombreux baigneurs, que chaque année Bagnères-de-Luchon voit se presser dans son sein, qui n'ait gravi les escarpements du port de Benasque, et contemplé du haut de cet observatoire la masse imposante de la Maladetta. C'est avec juste raison que quelques voyageurs ont surnommé cette montagne le Mont-Blanc des Pyrénées. Non-seulement, en effet, elle est la plus haute de toutes les cimes de cette belle chaîne, mais encore c'est elle qui, par la majesté de son aspect, la vaste étendue de ses glaciers, la sauvage austérité de ses flancs, frappe le plus vivement l'imagination du spectateur.

Quelle que soit la prééminence de la Maladetta sur toutes ses rivales des Pyrénées, elle n'a pas toujours joui dans les catalogues des hauteurs de ces montagnes du premier rang qui lui était dû. Pendant longtemps le Mont-Perdu fut regardé comme la cime la plus élevée de toute la chaîne. Nous voyons même un des plus savants naturalistes qui aient exploré ces montagnes, Picot de Lapeyrouse, mettre au-dessus de la Maladetta, non-seulement le Mont-Perdu, mais encore le Cylindre-du-Marboré, le Vignemale et le Pic-Long. Ce ne fut que dans les importants travaux trigonométriques de Reboul et Vidal, que la hauteur de la Maladetta fut pour la première fois déterminée d'une manière plus exacte. Ces savants assignèrent au pic de Néthou, qui est sa cime principale, une hauteur de 3,483 mètres au-dessus du niveau de la mer. Ce chiffre subsista comme le véritable, jusqu'à la belle triangulation des Pyrénées exécutée par MM. les officiers du génie. Cette opération réduisit cette élévation à 3,404 mètres.

Le désir d'atteindre le point culminant des Pyrénées, et de constater par un mesurement barométrique la hauteur du pic de Néthou, donna naissance à plusieurs tentatives pour parvenir à son sommet. La curiosité de contempler de plus près ce colosse, l'envie de scruter ses beautés mystérieuses, engagèrent d'autres voyageurs à essayer de s'élever sur ses flancs. Le célèbre Ramond, ce grand historien de nos montagnes, entreprit cette tâche hasardeuse. Séparé de son guide, égaré au milieu d'un épais brouillard, il dut revenir sur ses pas, sans avoir pu arriver au sommet, et même sans avoir pu se rendre bien compte des lieux qu'il avait parcourus.

Plus récemment, MM. Arbanère et Cordier renouvelèrent cette tentative. Le premier suivit la gorge de Malibierne, et atteignit une grande hauteur. Il retourna sur ses pas, au moment où quelques efforts de plus allaient le conduire au but si envié. Quant à M. Cordier, il suivit l'arête de la Maladetta. Après avoir vaincu bien des obstacles; surmonté de grandes difficultés, il fut obligé de renoncer à gagner le pic de Néthou par la voie qu'il avait choisie.

Depuis mon arrivée dans les Pyrénées, je nourrissais le désir de faire une nouvelle tentative pour parvenir enfin au sommet de ce pic, jusque-là réputé inaccessible. Quelques intrépides chasseurs, qui plus d'une fois avaient été relancer les bouquetins et les isards jusque dans les vallons les plus retirés de la Maladetta, promettaient de me conduire par des sentiers connus d'eux seuls. Ils me faisaient espérer, sinon d'arriver au but, du moins d'en approcher plus qu'aucun de ceux qui m'avaient devancé.

Une heureuse circonstance vint enfin me permettre d'exécuter mon dessein. Un jeune officier russe, M. de Tchihatcheff, arriva de Luz, poussé par le désir de tenter cette même entreprise. Il s'adressa précisément au guide qui s'était chargé de me diriger dans ce nouvel essai. Celui-ci n'eut rien de plus pressé que de venir me faire part de la proposition qui lui avait été faite. Enchanté du hasard qui me procurait un aussi bon compagnon de voyage, je m'empressai de lui offrir de me réunir à lui.

Nous nous décidâmes à nous mettre en route aussitôt que nous aurions pris toutes les mesures qui devaient tendre à assurer la réussite de notre ascension.

Ce fut le 18 juillet 1842 que nous quittâmes Bagnères-de-Luchon pour nous rendre à la Maladetta. Nous étions accompagnés de quatre guides ; Pierre Sanio, de Luz : il était venu avec M. de Tchihatcheff; Jean Algaro, Pierre Redonnet et Bernard Ursule, de Bagnères-de-Luchon. Ces deux derniers étaient chasseurs d'isards et regardés comme les plus intrépides montagnards du pays. Nous emportâmes avec nous tout ce qui était nécessaire pour passer plusieurs jours dans la montagne, des vivres, des couvertures pour la nuit, des haches, des cordes pour franchir les passages les plus dangereux.

Nous gagnâmes le port de Benasque par le chemin si pittoresque, si varié, qui longe les bords de la Pique et par le sentier étroit et rapide qui s'élève en lacets le long de la montagne. Quand nous eûmes atteint le port, nous fîmes halte un instant pour décharger nos chevaux que nous renvoyâmes attendre notre retour à l'hospice de Bagnères.

C'est du port de Benasque que l'on a la plus belle vue du versant septentrional de la Maladetta. L'élévation de ce port, qui est de 2,413 mètres (Charp.) au-dessus du niveau de la mer, permet d'embrasser d'un seul coup d'œil tous les contours de la base de la montagne qui s'élève en face de lui.

Considérée de cet endroit, la Maladetta présente l'aspect le plus sauvage, et en même temps le plus majestueux. Des forêts de pins gigantesques, les uns encore debout, les autres brisés par les ouragans, renversés par les avalanches, occupent sa partie inférieure. Des rochers âpres et stériles, dénudés par les eaux, forment ensuite autour d'elle une ceinture noirâtre et aride.

Au-dessus, étincellent les glaciers sillonnés par de larges et profondes crevasses. Les glaciers de la Maladetta sont sans contredit les plus grands des Pyrénées. M. de Charpentier estime leur longueur à près de 11 kilomètres. Il est plutôt resté au-dessous de leur étendue réelle, qu'il ne l'a dépassée. La pente de ces glaciers présente une inclinaison excessivement rapide, principalement dans leur partie inférieure. Ils sont en plusieurs endroits entièrement inaccessibles, lorsque les chaleurs de l'été ont fait fondre la couche de neige qui les recouvre pendant l'hiver.

Une crête de rochers très-escarpés et fort accidentés forme le faîte de la montagne. Cette crête lie ensemble les différents pics dont sa cime est hérissée. C'est ainsi qu'en commençant par l'est on voit d'abord le pic de Pouys, auquel Reboul et Vidal assignent 3,058 mètres de hauteur absolue. Ce pic se bifurque vers son sommet. Cette circonstance lui a valu de la part des habitants du pays le nom de pic Fourcanade, pic fourchu. Viennent ensuite le pic de Néthou et les deux pics de la Maladetta, dont le premier a 3,354 mètres de hauteur, et le second 3312, d'après les mesurements trigonométriques de M. Corabeuf. Enfin se présentent le pic d'Albe et celui de Malibierne, dont la hauteur n'a point encore été déterminée jusqu'ici.

De la crête supérieure de la Maladetta naissent plusieurs arêtes transversales, qui vont rejoindre la zone de rochers qui occupe la partie intermédiaire de la montagne. Ces arêtes séparent le glacier en autant de portions qui portent différents noms, suivant le voisinage des pics dont ils entourent la base. C'est ainsi que la dénomination de glacier de Néthou est donnée à celui qui avoisine ce pic, et que l'on appelle glacier de la Maladetta, celui qui se trouve au-dessous des deux pics auxquels on a spécialement consacré le nom de pics de la Maladetta. Néanmoins, on ne peut considérer cette étendue de glace que comme un seul et même glacier.

La Maladetta ne fait point partie de la chaîne centrale des Pyrénées. Elle n'en forme qu'un chaînon latéral. Ce chaînon se relie à la chaîne principale par un appendice fort élevé qui s'insère dans les montagnes d'Estoubès. Il sépare la vallée de l'Essera qui forme la limite septentrionale et occidentale de la Maladetta, de celle de la Noguera qui la borne à l'est.

C'est un fait véritablement digne de remarque,

qu'aucune des trois principales cimes des Pyrénées ne se trouve sur le faîte de la chaîne centrale. En effet, la Maladetta, qui occupe le premier rang, le pic Posets, qui vient ensuite, et en troisième lieu, le mont Perdu, sont tous autant de chaînons latéraux. Nulle part les pics qui surmontent le faîte n'atteignent une aussi grande hauteur.

Après avoir considéré pendant quelque temps l'ensemble de la montagne que nous nous préparions à escalader, nous commençâmes à descendre le versant méridional du port de Benasque. Il se compose presque entièrement d'un calcaire de transition à très-petits grains, très-friable, brillant d'un vif éclat aux rayons du soleil. La couleur de ce calcaire d'un blanc légèrement grisâtre a fait donner à cette pente le nom de Penna-Blanca. Ce calcaire est par couches quelquefois assez minces, et souvent contournées d'une manière fort bizarre.

Vers la partie inférieure de la descente, le calcaire grenu est fréquemment entrecoupé de grands bancs de grauwacke schisteuse. Sa couleur est d'un noir bleuâtre. Elle offre des stratifications fort peu épaisses, et susceptibles de se diviser avec la plus grande facilité en minces feuillets. Les couches de cette roche ne sont ni moins contournées, ni moins disloquées que celles du calcaire de transition de Penna-Blanca. Il y a de ces bancs, surtout vers le bas, du côté de l'hospice de Benasque, dont les feuillets sont redressés presque verticalement.

Quelque aride que puisse paraître au premier coup d'œil, la surface de Penna Blanca, la végétation pyrénéenne, si forte, si vigoureuse, n'a pourtant pas perdu tous ses droits sur elle. Exposée aux rayons les plus chauds du soleil du midi, elle commence à se parer de fleurs quand toutes les cimes voisines sont encore ensevelies sous la neige. Un épais gazon composé des feuilles pointues de la Festuca varia recouvre tous les endroits où il s'est conservé un peu de terre végétale. Dans les plus petites fissures du rocher croissent, comme dans une sorte de serre chaude, une foule de jolies plantes. Les fleurs du Daphne cneorum parfument l'air. De gracieuses touffes de Paronychia et d'Arenaria de diverses espèces tapissent les rocs les plus secs de ces chaudes déclivités. La nombreuse famille des Saxifrages y a aussi ses représentants, dont les uns élèvent vers le ciel leurs épis pyramidaux, tandis que d'autres se cachent à l'ombre des masses plus saillantes. De petites plantes bulbeuses se sont enracinées partout où quelque source communique au sol quelque fraîcheur.

Un sentier étroit et rapide, tracé sur les roches qu'a rendues glissantes le frottement répété des pieds des mules, conduit du port au fond de la vallée de l'Essera. Là se trouve l'hospice de Benasque, situé 708 mètres plus bas que le port, c'est-à-dire, à 1705 mètres (Charp.) au-dessus du niveau de la mer.

Il est impossible de rien voir de plus sauvage et de plus sublime à la fois, que la partie du val de l'Essera qui environne la Maladetta au nord et à l'ouest. Cette gorge ne le cède en rien aux sites les plus renommés de la Suisse. Partout la main de la nature y a imprimé les traces des plus terribles bouleversements. Ici, ce sont des masses énormes de granit qui se sont écroulées du sommet des montagnes. Confusément entassées les unes sur les autres, elles offrent l'image du plus affreux cahos. Là, ce sont des rochers tout entiers qui gisent épars au fond de la vallée. Leurs angles émoussés, et comme usés par le frottement, témoignent qu'ils ont été entraînés et roulés par les eaux.

A droite, les cimes déchiquetées des crêtes de la chaîne centrale se dressent à d'immenses hauteurs. Quelques pins rabougris croissent comme à regret sur ce versant des Pyrénées. Infiniment plus rapides que celles qui regardent la France, presque dénuées de toute autre végétation que celle des plantes alpines, ces pentes ont été exposées sans défense aux ravages des eaux, à l'impétuosité des avalanches. Partout elles n'offrent que rocs dénudés et chancelant sur leur base, qu'escarpements perpendiculaires et inaccessibles. A peine, de place en place, quelques endroits un peu moins abruptes permettent-ils de gravir le flanc de ces montagnes et de parvenir au petit nombre de ports qui se trouvent sur leurs sommets.

Des torrents furieux se précipitent en mugissant

du haut de cette crête et vont mêler leurs eaux à celles de l'Essera, dont ils ne tardent pas à avoir doublé le volume. Le plus considérable de tous, le torrent de Ramouille, roule ses eaux non loin de l'hospice. Tombant d'une immense élévation; il bondit de rocher en rocher, se heurte, se brise avec un fracas qui fait trembler la terre autour de lui. A chaque obstacle qu'il rencontre, il projette dans les airs des gerbes d'eau et d'écume, qui retombent au loin en pluie fine. Frappées des rayons du soleil, ces vapeurs se parent des plus vives couleurs de l'arc-en-ciel. Plus loin, de petites cascades moins bruyantes, mais non moins pittoresques glissent plutôt qu'elles ne tombent du haut de la montagne, Elles se dessinent comme autant de rubans argentés sur les dalles noirâtres du schiste qui leur sert de lit.

L'Essera lui-même n'est autre chose qu'un torrent fougueux. Faible et humble ruisseau à sa naissance, il coule d'abord sur un sol tourbeux et couvert de pâturages. Bientôt, grossi par le tribut des eaux de toutes les montagnes voisines, il quitte cette allure paisible pour en prendre une plus en harmonie avec les lieux qu'il parcourt, son lit se resserre entre deux parois de roches verticales, qui souvent même se recourbent en voûte au-dessus de lui. Il tourbillonne, il gronde, il se tord sur lui-même, au fond de la prison qu'il s'est creusée et qu'il voudrait en vain franchir. En quelques endroits il forme de magnifiques cataractes; il s'engouffre dans des abîmes où il échappe à la vue du spectateur étonné. Les sourds mugissements que l'on entend gronder dans ces sombres profondeurs, le brouillard qui se dégage de leurs ouvertures béantes, montrent seuls qu'il ne s'est pas englouti pour ne plus reparaître.

L'aspect de la vallée elle-même n'est pas moins varié que celui des montagnes qui l'entourent. Tantôt son fond est occupé par de vastes prairies, où errent en liberté de nombreux troupeaux de mules. Tantôt des fragments de montagnes éboulées l'ont rendu entièrement stérile. Ici, des sources jaillissent de la base des montagnes et rendent le terrain marécageux. Là, la nature du sol, trop aride pour que le gazon pût y croître, a permis seulement à de vastes bois de buis de s'y enraciner. Quelques rosiers viennent seuls faire diversion à la sombre verdure de cet arbuste et balancent autour de ses cimes leurs élégants corymbes fleuris.

A l'exception de l'hospice, nul séjour n'est habité par l'homme dans la partie supérieure du val de l'Essera. Placé non loin des bords de l'Essera, et entièrement voûté, cet hospice offre une masse d'une solidité extraordinaire. Quelquefois pendant l'hiver il disparaît entièrement sous la neige, et l'on est obligé de creuser un couloir pour arriver jusqu'à la porte. Tout y a été sacrifié à l'utile. Le voyageur ne peut espérer y trouver autre chose qu'un abri, et quelques mauvaises provisions. Quelle que soit la solidité de ce bâtiment, elle ne suffit pourtant pas toujours pour le garantir des désastres qui accompagnent trop souvent la fonte des neiges. Il y a peu d'années, une affreuse avalanche tomba du haut de la montagne sur l'hospice, et l'ensevelit sous ses ruines. Tous ceux qui s'y trouvèrent, périrent dans cette catastrophe. L'hospitalier, qui était aller chercher des provisions à Benasque, ne trouva plus à son retour qu'un immense amas de neige, triste sépulture de sa nombreuse famille. Ce ne fut qu'au printemps que les restes des victimes purent être retrouvés.

Après être restés quelque temps à l'hospice pour nous reposer, nous nous mîmes en route en remontant la vallée de l'Essera. Sa partie supérieure est beaucoup moins sauvage que celle qui s'étend depuis l'hospice jusqu'à la ville de Benasque. La terre est presque entièrement tapissée d'un gazon fin et serré. Son sol est noirâtre et d'une nature spongieuse. Plusieurs endroits sont même marécageux, et recouverts d'eaux stagnantes et peu profondes. Les places mêmes, qui paraissent les plus sèches, fléchissent, et tremblent sous le pied, absolument comme cela a lieu dans les marais tourbeux.

Le terrain n'a pas une pente égale et régulière comme dans la plupart des vallées. Il s'élève par des ressauts rapides, et séparés les uns des autres par des bandes de rochers perpendiculaires, recouvertes de pins de la plus vigoureuse végétation.

La vallée est ainsi divisée en plusieurs étages isolés les uns des autres, et dont chacun est plus élevé que celui qui le précède. La nature spongieuse et aquatique du sol qui en forme le fond, jointe à la disposition des parois de rochers qui entourent ces divers ressauts, donnerait tout lieu de croire qu'ils ont été le bassin d'autant de lacs ou d'étangs. Ces bandes de rochers auraient été les digues qui retenaient leurs eaux. Leur écoulement aura été amené par la rupture de ces digues, occasionnée par quelqu'une des commotions dont ce pays fut plus d'une fois le théâtre. Peut-être même l'action lente et continue des alluvions que ne cessent d'apporter les eaux des fontes de neiges, aura-t-elle suffi pour combler le lit de ces étangs, et les transformer en marécages.

Sur le dernier de ces plateaux se trouvent encore aujourd'hui plusieurs étangs. On a donné à cet endroit le nom de Plan-des-Étangs. Il s'y trouve une cabane où se retirent pendant la nuit les pâtres qui gardent les troupeaux dans ces prés. Cette circonstance avait décidé tous ceux que le zèle pour la science ou la curiosité conduisaient à la Maladetta à y passer la nuit, pour commencer l'ascension le lendemain au point du jour. Quelle que fût l'élévation de ce plan que M. Cordier détermina à 1,799 mètres, et M. de Charpentier à 1,797, nous le trouvâmes néanmoins trop au-dessous du sommet pour nous y arrêter.

Cette station était déjà bien peu avancée, même pour arriver aux pics de la Maladetta, dont la route est pourtant bien connue. A plus forte raison était-elle encore plus mauvaise pour nous, qui entreprenions une course beaucoup plus longue, et dans des régions dont la plupart n'étaient pas beaucoup mieux connues de nos guides que de nous-mêmes. Aussi, suivant l'avis de nos chasseurs, nous prîmes le parti d'aller coucher à un endroit qu'ils nomment la Rencluse de la Maladetta. Quoique n'étant située que 284 mètres au-dessus de la cabane du Plan-des-Étangs, elle est néanmoins assez avancée dans la montagne, pour faire gagner trois heures, avantage inappréciable dans une expédition de cette nature.

Nous commençâmes à gravir la Maladetta par une dépression qui s'ouvre dans son sein, précisément vis-à-vis le port de Benasque. C'est par cette gorge que s'écoulent les eaux qui proviennent du glacier de la Maladetta, et forment la source première de l'Essera. Presque partout dans ce vallon les roches se montrent à nu. Elles appartiennent au calcaire de transition qui recouvre la base de la Maladetta. Elles n'ont point ces aspérités, ces formes anguleuses qu'elles présentent généralement dans les autres localités. Au contraire, leur surface est unie, polie, comme si elle avait subi un frottement énergique et prolongé.

La superficie de plusieurs d'entre ces rochers est comme cannelée. Elle présente à l'œil de l'observateur ces raies, ces stries qui caractérisent les roches, qui ont éprouvé le frottement des glaciers. Les plus fortes de ces raies atteignent une largeur de deux à trois centimètres. Elles sont creusées aussi régulièrement que si un ouvrier les eût pratiquées à dessein avec une gouge. Elles sont dirigées dans le sens longitudinal de la vallée, c'est-à-dire parallèlement à la direction dans laquelle devait se mouvoir le glacier. Toutes ne sont pas aussi larges. Il y en a qui ne sont que de simples stries, mais leur direction est en général la même.

Le glacier de la Maladetta a donc dû descendre

autrefois beaucoup plus bas qu'il ne le fait aujourd'hui, et s'étendre jusqu'ici. Ce phénomène a d'ailleurs été observé assez souvent dans les Alpes, pour ne présenter rien d'incroyable. Sans doute de pareils faits eussent été constatés dans les glaciers des Pyrénées, si leur grand éloignement des lieux d'habitation ne les eût rendus difficiles à observer, en même temps que leur distance des terrains en rapport rendait cette étude peu intéressante pour les gens du pays.

Nous marchâmes pendant près de trois heures au milieu de ces rochers polis, en remontant le vallon. Son fond est presque entièrement dénué de grands arbres. On ne voit de pins que sur quelques éminences. Les avalanches ont balayé les autres. Mais d'un autre côté, la végétation alpestre a déployé tout son luxe pour orner les abords de ces masses de pierre. Des buissons de

Daphne de plusieurs espèces, des touffes de Rhododendrum garnissent les interstices des rochers. Les gazons moelleux du Silene acaulis, et une foule de petites plantes des montagnes, s'unissent à l'herbe la plus verte pour tapisser partout le sol.

Depuis quelque temps, nous entendions un torrent gronder au-dessus de nous dans la vallée, bien que nulle trace, nul indice ne nous fissent deviner par où pouvaient s'écouler ses eaux. Enfin, après avoir gravi une dernière éminence, couverte de la plus belle pelouse de verdure, nous aperçûmes devant nous une jolie prairie. De tous côtés elle était environnée de rochers, qui formaient autour d'elle une enceinte presque circulaire; un seul endroit était accessible vers l'est; ce fut par là que nous y pénétrâmes, et encore fûmes-nous obligés de descendre un talus de gazon très-rapide. Au milieu de l'enceinte coulait le torrent que nous avions entendu; il allait se perdre sous terre dans une caverne creusée dans les parois de l'enceinte, vers le nord-ouest.

Nous éprouvâmes quelque difficulté à passer le torrent; bien qu'il fût peu profond, nous ne nous souciions nullement de le traverser à gué. Pour le franchir, il n'y avait qu'un seul rocher, qui s'élevait au milieu de l'eau à une hauteur d'environ un mètre et demi; il était peu éloigné de la rive. Néanmoins un pareil saut nous souriait peu, surtout avec la perspective d'un bain dans le torrent, si nous manquions le but. Nos guides se tirèrent admirablement de là; un d'eux forma de son corps une espèce de pont, en s'appuyant les mains contre le rocher, et les pieds sur la rive; chacun passa sur ses épaules et quand le dernier fut arrivé, on lui tendit la main, et il vint nous rejoindre dans notre îlot. Sauter de ce rocher sur l'autre bord ne fut plus qu'un jeu.

Cette partie de la montagne est appelée par les chasseurs Rencluse de la Maladetta (Enclos de la Maladetta); sa hauteur, déterminée barométriquement par M. de Charpentier, est de 2,083 mètres au-dessus du niveau de la mer.

Un enfoncement pratiqué par la nature dans la paroi méridionale de la Rencluse, où le rocher surplombe le sol de quatre à cinq mètres, formait l'abri qui devait nous garantir des injures de l'air. Aussitôt que nous y fûmes arrivés, nos guides se déchargèrent de leurs fardeaux, et commencèrent à faire leurs préparatifs pour la nuit, avec d'autant plus d'activité que le ciel se couvrait, et que de temps en temps les échos des montagnes renvoyaient jusqu'à nous les éclats d'un tonnerre lointain. Pour nous, nous consacrâmes ce qui nous restait de jour à examiner l'endroit où nous nous trouvions.

C'est à cette enceinte que se termine, pour ainsi dire, la vallée qui reçoit les eaux du glacier de la Maladetta, puisque c'est là qu'elles se perdent sous terre, et que la Rencluse semble avoir été autrefois le bassin d'un lac. Ainsi le ferait penser du moins l'aspect des rochers qui l'entourent, et qui paraissent avoir été baignés par les eaux; on serait tenté de croire que l'évacuation de ce lac aurait eu lieu par suite de l'ouverture d'un passage qui se serait établi sous terre.

Tout le sol de la Rencluse est couvert d'une épaisse couche d'humus apportée par les eaux à la fonte des neiges. La végétation y est très-forte, mais très-peu variée. De hautes graminées, des touffes d'orties de la plus grande vigueur, quelques légumineuses, quelques crucifères, deux ou trois espèces d'ail, des saxifrages calyciflores dans les fentes du rocher, des buissons du chèvrefeuille des

Pyrénées sur ses corniches; voilà à peu près à quoi se réduit la flore de la Rencluse de la Maladetta.

L'objet qui stimulait le plus notre curiosité dans cet endroit, était la perte du torrent à laquelle on donne le nom de gouffre de Tourmon. L'eau se perd dans une espèce de caverne qu'elle s'est creusée dans le roc, qui forme la partie septentrionale de l'enceinte de la Rencluse. A quelque distance de là, le lit du torrent s'élargit, son impétuosité se calme, la profondeur de ses eaux devient peu considérable; aussi nous fut-il possible de nous avancer jusqu'au fond de la grotte sans nous mouiller beaucoup. L'eau ne se précipite pas dans un abîme ainsi qu'on pourrait le supposer d'après ce nom de gouffre; elle disparaît tranquillement, filtrant sans bruit au milieu de fragments de roches de peu de grosseur et de menu gravier. Elle ne reparaît plus ensuite que dans le fond de la vallée de l'Essera, où elle ressort dans les bassins marécageux que nous avions traversés en quittant l'hospice. Le gouffre de Tourmon s'ouvre dans le calcaire de transition auquel appartiennent tous les rochers qui entourent la Rencluse.

Nous regagnâmes à la chute du jour le gîte que nous avaient choisi nos guides. Tous leurs préparatifs étaient déjà faits ; un mur de pierres sèches avait été élevé et formait une petite enceinte, à son extrémité pétillait un feu brillant dont un pin renversé par une avalanche avait fourni les matériaux. Les chasseurs s'occupaient à nous faire une cuisine toute montagnarde. Une couche des sommités feuillées des rameaux de pin nous offrait un lit, qui, pour être des plus rustiques, n'était pas à dédaigner.

Nous ne tardâmes pas à avoir de nouvelles raisons de nous applaudir d'avoir marché jusqu'à la Rencluse, et de ne pas nous être arrêtés à la mauvaise cabane du Plan-des-Étangs. L'orage qui depuis plusieurs heures grondait dans le lointain, devenait de plus en plus menaçant, des raffales d'un vent chaud passaient pesamment sur nos têtes en gémissant dans les branches des pins, et allaient plus loin soulever des tourbillons de neige sur le glacier. Des nuages, légers d'abord, et semblables à de fugitives vapeurs, débouchèrent de la vallée de l'Essera; ils rampèrent le long des flancs de la montagne du port de Benasque, et finirent par se grouper autour des pics les plus élevés.

Le moment qui précéda celui où l'orage éclata avec toute sa force, fut singulièrement majestueux; le vent se calma entièrement, la flamme de notre foyer s'éleva perpendiculairement vers le ciel; le tonnerre cessa pour un instant de gronder ; le bruit du torrent, les craquements du glacier, qui, disaient les guides, étaient la voix de la montagne qui se plaignait, interrompaient seuls ce solennel silence; on eût dit que la nature recueillait toutes ses forces pour cette scène sublime.

Cette trêve ne dura qu'un moment. Une violente raffale passa en rugissant au-dessus de la montagne ; des nuées plus épaisses, plus sombres se précipitèrent en roulant les unes sur les autres, comme les vagues d'une mer en furie ; elles envahirent toute la vallée, et bientôt tout disparut à nos yeux comme sous un voile funèbre. Les éclairs brillaient incessants au milieu de ce cahos ; le tonnerre grondait avec violence; ses détonations, répercutées par les rochers de la Maladetta, faisaient un fracas assourdissant ; tantôt il roulait majestueusement, tantôt il éclatait comme si la voûte du ciel se fût déchirée, et renvoyés par les échos des glaciers, ses craquements revenaient à nous plus aigres, plus incisifs.

Le ciel était en feu, chaque éclair dissipait pour un moment l'obscurité qui nous environnait, et dévoilait à nos regards le plus magnifique panorama ; les glaciers étincelaient ; les torrents semblaient rouler des flammes; les montagnes dessinaient leurs cimes neigeuses sur les noires vapeurs où s'engendrait l'orage, tantôt s'abaissant sur les sommités des pics, elles les dérobaient à nos regards, tantôt se soulevant, elles nous laissaient apercevoir leurs formes heurtées et anguleuses. Battus par l'ouragan, les pins qui croissaient autour de nous agitaient leurs rameaux chargés de longs lichens pendants, et semblaient autant de géants agitant leurs bras chargés de chaînes ; puis tout rentrait dans l'obscurité, jusqu'à ce qu'un autre éclair nous montrât dans les nuages une nouvelle combinaison, dans le paysage, un nouvel aspect.

Parmi toutes les dispositions bizarres que nous offrirent les nuages pendant cet orage, il y en eut une surtout qui attira notre attention. Pendant tout le temps que dura la tempête, nous remarquâmes une petite nuée peu épaisse en apparence, qui se trouvait précisément au-dessus du point de jonction de la vallée de l'Essera, et de la gorge que nous avions suivie pour gagner la Rencluse. Les vapeurs dont elle était formée étaient dans un mouvement continuel; elles tournaient sur elles-mêmes, s'élevaient en spirale, et finissaient par disparaître entièrement. On aurait cru qu'une force quelconque les poussait de bas en haut, ou les attirait vers les régions supérieures de l'atmosphère; il en sortait continuellement des éclairs très-vifs, mais suivis de coups de tonnerre peu intenses. Leur bruit mettait pour parvenir à notre oreille plus de temps qu'il n'aurait dû le faire, ayant égard à la distance qui nous séparait du nuage où s'engendraient ces éclairs, et à son élévation. En effet, les détonations qui suivaient les éclairs parties de nuées beaucoup plus éloignées et beaucoup plus élevées, à en juger par la hauteur des pics qu'elles dominaient, parvenaient jusqu'à nous, avant celles qui sortaient de ce petit tourbillon. Nous ne pûmes attribuer ce singulier phénomène qu'à l'action des courants d'air qui imprimaient à ce nuage ce mouvement de rotation, et qui empêchaient le son de la foudre d'arriver à nous aussi promptement qu'il l'eût fait sans cela.

Peu à peu cependant le calme se rétablit dans la nature ; les étoiles reparurent, et sans le bruit extraordinaire du torrent grossi par l'orage, tout ce qui venait de se passer eût pu nous paraître un songe.

Le lendemain dès la pointe du jour, nous nous mîmes en marche en contournant la montagne par l'ouest. Après avoir traversé un épais fourré de rhododendrum, nous nous engageâmes dans une forêt de vieux pins, véritable forêt vierge; car la difficulté de ses abords avait empêché la hache de la profaner. Dans les endroits exposés aux avalanches, peu de ces arbres étaient restés debout, et une foule d'autres, gisant amoncelés sur la terre, présentaient le spectacle le plus désolant. A peine quelque arbre gigantesque avait-il pu leur résister; il élevait au milieu de ces tristes débris sa tête blanchie par les ans, comme un vénérable patriarche pleurant sur les cadavres de ses enfants.

Dans les endroits que leur position a mis à l'abri des atteintes désastreuses de l'avalanche, la nature a repris toute sa force, et les pins élèvent vers le ciel leurs pyramides d'une sombre verdure. Qui pourrait bien décrire les beautés de ces forêts des montagnes? Qui pourrait peindre cette obscurité solennelle qui règne sous leurs ombrages? Qui pourrait redire ces bruits que n'a jamais entendus l'oreille de l'habitant des plaines? Ces vagues soupirs, ces gémissements que pousse le vent en agitant les bras de ces vieux pins, ses sifflements aigus lorsqu'il heurte les branches plus âpres de quelque arbre séculaire dépouillé de son feuillage par les années? L'aigle plane majestueusement dans les airs. Le vautour paresseux, nonchalamment posé sur la pointe d'un roc, la tête basse, les ailes pendantes, attend, ignoble bandit, les restes de la proie que lui abandonne le dégoût de plus nobles ravisseurs. Le corbeau solitaire croasse sur la cime dénudée d'un sapin à demi brisé. Le grand pic des montagnes fait retentir le tronc d'un pin desséché des coups redoublés de son bec vigoureux. Le chant matinal du tétras se mêle aux derniers cris du lugubre oiseau de nuit et, par-dessus tout, la grande voix du torrent domine tous ces bruits sans en éteindre aucun.

Quand nous eûmes laissé derrière nous les derniers arbres de la forêt, nous fîmes quelques pas sur une maigre pelouse, et toute apparence de végétation disparut à nos yeux. Nous venions d'entrer dans la région de l'éternelle stérilité. Pendant trois heures, nous marchâmes sur des fragments de rocs entraînés par les avalanches. Nous eûmes plusieurs fois à traverser de larges plaques de neige que toute la chaleur du soleil de l'été n'avait encore pu fondre. Quand nous fûmes arrivés vis-à-vis le pic d'Albe, nous nous dirigeâmes directement sur lui en gravissant une gorge étroite et escarpée. Nous passâmes au pied même du pic, et franchissant une de ces arêtes de rochers qui s'étendent depuis le sommet de la Maladetta jusqu'à sa base, nous aperçûmes au-dessous de nous les eaux calmes et bleues du lac d'Albe.

La position de ce lac est des plus sauvages, situé à 2,212 mètres (Charp.) au-dessus du niveau de la mer, il est entouré de tous les côtés de blocs de rochers entassés confusément. Ces masses, dont quelques-unes sont fort grosses, sont dans un désordre tel, qu'elles semblent provenir plutôt de l'éboulement subit d'une partie du pic, que de la dégradation lente que les variations de température font éprouver à la surface des hautes montagnes.

Il est impossible de se figurer quelque chose de plus triste et de plus désolé que l'aspect qu'offrent ces débris de montagne. Nulle trace de végétation ne vient reposer la vue fatiguée de tant d'horreurs. Des lichens d'un blanc grisâtre ou d'un jaune de soufre croissent seuls sur ces rocs arides.

Rien n'est plus pénible à traverser que ces masses de rochers. Tantôt peu stables sur leurs bases, elles s'ébranlent au moindre choc, et menacent d'entraîner dans leur chute celui qui se serait fié à leur solidité. Tantôt elles sont séparées les unes des autres par de profondes crevasses, et il faut franchir ces ouvertures. Quelquefois, quand l'intervalle est trop grand, on se voit contraint de se laisser glisser dans les fentes qui les divisent pour remonter de l'autre côté et recommencer ensuite la même manœuvre.

Une arête, composée de ces fragments de rochers, sépare le lac d'Albe d'un autre lac beaucoup plus étendu, nommé lac de Gregonio. Sa forme est celle d'un croissant fort allongé. Au sud et à l'ouest il est entouré d'un amas de rochers gisant pêle-mêle les uns sur les autres. A l'est et au nord des pentes de neiges extrêmement rapides et sillonnées de plusieurs torrents viennent mourir dans ses eaux. Bien qu'aucun mesurement barométrique n'ait déterminé la hauteur de ce lac, il est incontestablement beaucoup plus élevé que celui d'Albe. Aussi était-il encore presque entièrement gelé.

Nous longeâmes le lac de Gregonio en nous élevant insensiblement sur l'amas de rochers qui s'étend vers le sud, et est surmonté d'une crête très-accidentée et très-abrupte. C'est dans cette crête que s'ouvre une toute petite ouverture, que les montagnards décorent du nom de port de Malibierne. Du haut de cette petite échancrure dont l'accès est assez difficile, les yeux plongent dans la gorge de Malibierne qui s'ouvre dans les flancs de la Maladetta. Elle se dirige de l'est à l'ouest. C'est la plus considérable de toutes les vallées qui prennent naissance dans la Maladetta.

Quoique participant toujours à l'aspect sévère qui caractérise toutes les parties des monts Maudits, néanmoins le regard s'y repose avec plaisir sur un peu de verdure. Quelques bouquets de pins se font voir au milieu des rochers. Des pâturages, maigres à la vérité, alternent avec les champs de neige et de débris. Au fond même de la vallée se développent de verdoyantes prairies au milieu desquelles bondit un torrent fougueux.

Un couloir si étroit et si rapide qu'on pourrait presque lui donner le nom de cheminée, est le seul passage par lequel on puisse pénétrer du bassin du lac de Gregonio dans la vallée de Malibierne. De nombreux cailloux roulants ajoutent encore à la difficulté qu'offre déjà la rapidité de ce couloir. Nous fûmes obligés de descendre l'un après l'autre. Chaque pas déterminait la chute d'une avalanche de pierres, et celui qui eût marché en avant eût été infailliblement atteint et blessé par quelqu'un de ces fragments.

Malgré son exposition au sud, ce versant de la vallée de Malibierne était encore en grande partie couvert de neige. Pendant plus d'une heure nous marchâmes sur des pentes de neige très-inclinées. Elles étaient entrecoupées de hauts rochers affectant souvent les formes les plus bizarres. Plusieurs de ces masses offraient l'aspect de vieilles tours, de fortifications ruinées, qu'on eût pu prendre pour les restes de quelque grande cité détruite.

Enfin, nous sortîmes de la région des neiges

pour rentrer dans la zone où la végétation commence à reparaître. Nous gravîmes un mamelon assez escarpé couvert d'un bosquet de pins, et après avoir franchi un énorme amas de blocs granitiques éboulés du haut de la montagne, nous arrivâmes à une vaste pelouse qui forme la partie supérieure du vallon de Malibierne.

C'était là que nos guides avaient décidé que nous passerions notre deuxième nuit. Bien qu'il ne fût que trois heures nous ne pouvions aller plus loin. Le jour était trop avancé pour que nous pussions songer à parvenir aujourd'hui au pic de Néthou, et plus haut, nous ne pouvions trouver d'abri pour la nuit.

La vallée de Maliberne se termine en forme de cirque. C'est, au reste, une disposition qu'affectent un grand nombre de vallées des Pyrénées à leur naissance. Les montagnes qui forment l'enceinte de ce cirque offrent presque partout des parois verticales et entièrement inaccessibles. Seulement du côté du nord-ouest, à une hauteur d'environ cent cinquante mètres, le sol forme un ressaut, dont la partie supérieure est occupée par le plateau où nous nous étions établis, non loin d'un bosquet de pins magnifiques. Ils occupaient l'extrémité de la falaise qui nous séparait du fond de la vallée.

L'époque à laquelle les bestiaux sont conduits dans ces pâturages n'étant pas encore arrivée, l'herbe y était haute et touffue, surtout sur les bords du torrent. Celui-ci tombe à grand bruit des hauteurs de la Maladetta, court quelque temps au milieu de ces gazons, et se précipite ensuite dans le fond de la vallée en une superbe cascade.

Notre gîte de la nuit nous fit regretter plus d'une

fois notre palais de la Rencluse. Ici, c'est une simple cabane de berger, mais quelle cabane! Au-dessus d'une excavation pratiquée dans le sol, s'élève une sorte de toit composé de branches de pins, recouvertes de tourbes de gazon. Quelques pierres plates forment le foyer. L'entrée de la cabane est tellement basse que l'on ne peut s'y glisser qu'en rampant; c'est là le seul passage par lequel puisse sortir la fumée âcre et infecte du bois résineux et vert qui forme notre seul combustible. L'intérieur est si peu élevé, qu'il faut nous tenir assis, si étroit, que nous ne pouvons nous étendre sur notre lit de feuillage de pin. Faisons-nous du feu, la fumée nous suffoque; le laissons-nous s'éteindre, la piquante froidure des nuits de ces hautes régions nous transit.

Pour compléter les agréments de ce séjour, il servait d'asile à deux ou trois porcs à demi-sauvages, qui y avaient élu leur domicile. Plusieurs fois ils se présentèrent pour s'y réintégrer, ou protester du moins par leurs grognements contre notre prise de possession, qu'ils regardaient vraisemblablement comme une usurpation. Ce ne fut pas sans quelque peine que nous fîmes prévaloir, en notre faveur, le droit, sinon du premier occupant, du moins celui du plus fort.

Au milieu de la nuit, nous fûmes réveillés brusquement par les cris d'un de nos guides. Le feu avait pris aux tourbes qui formaient la couverture de notre cabane. Sous peine d'être grillés, nous dûmes déguerpir au plus vite. Nous éteignîmes le feu en arrachant les mottes embrasées et en marchant dessus. Il fallut ensuite reconstruire notre toit.

Enfin, les premières lueurs de l'aurore viennent

blanchir les cimes de la Maladetta. Après la nuit que nous venons de passer, il est facile de concevoir avec quelle joie nous saluons l'apparition du jour; quelque fatigante qu'elle soit, la marche est encore préférable à un semblable repos. Nous nous mettons en route avec d'autant plus d'ardeur, que c'est aujourd'hui que doit se décider s'il nous sera possible d'atteindre le sommet du pic de Néthou. Quelles que puissent être les difficultés qui doivent se présenter à nous, nous sommes bien décidés à les surmonter toutes. Nous sommes résolus à ne nous arrêter que devant une impossibilité absolue. Nous voulons attaquer le pic sur toutes ses faces, afin de pouvoir au moins nous rendre le témoignage que, si nous n'arrivons pas au sommet, nul moyen d'y parvenir n'aura été négligé, et qu'aucune autre expédition ne sera plus heureuse.

Nous franchîmes le torrent à l'aide de plusieurs

rochers qui se trouvaient dans son lit. Nous commençâmes ensuite à gravir la montagne par une pente assez rapide et entièrement recouverte de fragments de rochers brisés. Moins gros que ceux que nous avions eu à traverser la veille, ils n'en étaient que plus incommodes. Ils cédaient sous le pied, et glissant en arrière, ils nous entraînaient quelquefois plus bas que l'endroit que nous venions de quitter. Cette partie de la route nous offrit néanmoins moins de difficultés réelles, qu'elle ne nous coûta de fatigues.

Deux heures après avoir quitté le lieu où nous avions passé la nuit, nous atteignîmes un plateau très-vaste, situé au-dessus de la limite des neiges éternelles. Le milieu de ce plateau est occupé par un lac dont les eaux restent gelées une grande partie de l'année. Au moment où nous mîmes le pied sur ses rives, il commençait à dégeler, et de gros glaçons flottaient à sa surface. C'est à ce lac que prend naissance le torrent qui arrose, ou plutôt dévaste le vallon de Malibierne, et va se réunir à l'Essera, un peu au-dessus de Benasque.

Ce lac est appelé lac de Coroné par les chasseurs d'isards, qui seul foulent ses rives glacées. Son site est des plus admirables; de tous les côtés, excepté vers le sud, il est entouré d'immenses falaises de rochers perpendiculaires. A l'est, le pic de Néthou se dresse de toute sa hauteur; vis-à-vis, s'élève celui de Malibierne. Au nord se développe la redoutable crête qui forme le faîte de la Maladetta. Trois échancrures interrompent seules ces masses gigantesques, qui partout opposent aux pas une infranchissable barrière. De ces échancrures, l'une communique du bassin du lac de Coroné à celui du lac de Gregonio; les deux autres, à l'est, débouchent sur le glacier de Néthou. C'était sur elles que reposaient toutes nos espérances de succès, mais laquelle choisir?

Du côté du sud s'étend, jusqu'au fond de la vallée, un vrai cahos de rochers brisés et renversés. La première idée qui frappe l'observateur qui contemple ce spectacle des bords du lac de Coroné, est qu'autrefois ce lac était entouré aussi de ce côté d'une enceinte de rochers, comme le sont encore ceux de Gregonio et d'Albe. Quelque violente secousse de la nature aura renversé ce rempart naturel, dont les débris recouvrent toute cette partie du versant méridional de la Maladetta.

Nous éprouvâmes en ce moment une vive contrariété. Le ciel, qui jusque-là avait été constamment serein, se couvrit de quelques nuages qui rasaient la cime du pic de Néthou, et le dérobaient par moments à nos regards. Outre la difficulté que cette circonstance ajoutait à la recherche d'une voie jusqu'alors inconnue, outre le danger de s'égarer sur ces perfides glaciers, nous redoutions encore de perdre l'immense panorama qui devait se dérouler à nos yeux, si par hasard nous pouvions arriver au sommet de la plus haute cime des Pyrénées.

Néanmoins, sur l'assurance unanime de nos guides que les nuages se dissiperaient à mesure que le soleil s'élèverait, nous attaquâmes hardiment le glacier. Rien ne fut plus facile que d'en franchir la partie inférieure. La neige, qui était tombée pendant l'orage qui nous avait assaillis à la Rencluse, était encore assez molle pour prendre l'empreinte du pied, et assurer la marche sans s'enfoncer assez pour la rendre pénible. D'ailleurs la pente était encore peu rapide, mais plus nous nous élevions, plus l'inclinaison devenait forte. La neige qui recouvrait le glacier, durcie par le froid, plus vif à ces hauteurs que sur les bords du lac, était devenue extrêmement glissante. Il fallut avoir recours aux crampons. Cette précaution, dictée par une absolue nécessité, nous fit perdre un peu de temps. Cette chaussure, fort utile à ceux qui ont l'habitude de s'en servir, est très-incommode pour celui qui l'emploie pour la première fois, et entrave singulièrement la marche.

Un fait assez extraordinaire vint attirer notre attention pendant la traversée de ce glacier. La surface de la neige était couverte d'un grand nombre d'insectes engourdis par le froid. La présence de ces animaux dans une localité entièrement dépourvue de tout ce qui pouvait les alimenter, n'était certainement pas un effet de leur propre volonté. Nous ne pûmes l'attribuer qu'à l'orage que nous avions éprouvé le jour de notre arrivée. Nous pensâmes que le vent les avait emportés des vastes pâturages qui couvrent les montagnes situées au sud de la vallée de Malibierne. Un examen plus attentif de ces insectes ne fit que nous confirmer dans notre opinion. Ils appartenaient presque tous aux genres qui habitent de préférence les pâturages fréquentés par les bestiaux. Il y avait beaucoup de ces lamellicornes et de ces clavicornes qui se plaisent dans les excréments des bêtes à cornes. J'y ramassai aussi quelques hyménoptères; mais je n'y trouvai aucun de ceux dont la station ordinaire est près de la limite des neiges.

Quand nous fûmes arrivés à la moitié environ du glacier, nous tînmes une petite consultation pour savoir sur laquelle des deux brèches qui avoisinent le pic nous devions nous diriger. Les chances étaient en apparence égales des deux côtés. Nul motif ne semblait devoir faire pencher les guides pour l'une plutôt que pour l'autre, puisque l'une et l'autre leur étaient également inconnues. Cependant, cette sorte d'intuition instinctive que donne aux montagnards un long séjour sur ces hauts lieux, les porta à choisir le passage situé au nord du pic, et ce fut précisément celui-là qui nous conduisit au but.

Une fois cette décision prise, nous recommençâmes à monter. Il ne nous fallut pas moins de deux heures pour parvenir au haut du glacier. Nulle part il n'était à découvert. Il s'y rencontre peu de crevasses ; nous n'en rencontrâmes qu'une seule qui méritât à proprement parler ce nom. Elle occupait le sommet du glacier et s'étendait précisément devant la brèche que nous avions choisie. Nous la passâmes sur un pont de neige. Cette crevasse appartenait au genre de celles que M. Desor propose d'appeler Rimaye.

Quelques minutes après nous étions arrivés à une échancrure formée par un abaissement subit de la crête de la Maladetta. C'était là le nec plus ultrà de tous ceux qui nous avaient précédés. Cette arête est située, d'après M. de Charpentier à une hauteur de 3,171 mètres, et d'après M. Cordier, de 3,256 mètres au-dessus du niveau de la mer. C'est cet endroit qui, dans les catalogues de hauteurs pyrénéennes, figure sous le nom d'arête accessible à l'ouest du pic de Néthou.

Il est assez difficile de s'imaginer quelle cause a pu arrêter ces hardis explorateurs si près du but qu'ils étaient venus chercher avec tant de peine, et au milieu de tant de périls. A partir de cet endroit, il n'y a plus d'obstacles sérieux à vaincre, plus de véritables dangers à courir, pourvu que l'on prenne les précautions dictées par la prudence.

Au moment où nous nous présentâmes pour

franchir la brèche, nous nous trouvâmes tout à coup environnés d'un nuage si épais, que nous pouvions à peine distinguer les objets à une dizaine de mètres de nous. Accumulées dans l'enceinte du lac de Coroné par le vent du sud, toutes ces vapeurs venaient déboucher par ce couloir étroit sur le versant septentrional de la Maladetta. Le vent s'y engouffrait avec une force terrible, entraînant avec lui des masses de brouillards. Les rafales étaient tellement violentes, que pour ne pas être précipités dans un amas d'eau qui se trouvait de l'autre côté de la crête, nous étions obligés de nous cramponner de toute notre force aux aspérités du roc. Ces coups de vent étaient séparés les uns des autres par des intervalles d'un calme profond. Nous profitions de ces moments pour avancer, puis au moment où la tempête venait nous assaillir de nouveau, nous nous collions contre le rocher jusqu'à ce que le calme fût revenu.

Nous atteignîmes ainsi l'autre côté de l'arête, et gagnâmes le pied d'un escarpement qui n'était autre chose que la base même du pic de Néthou. Là régnait un calme parfait, et qui contrastait vivement avec le rugissement des rafales qui se faisaient entendre à quelques pas de nous. Nous avions à nos pieds un assez vaste enfoncement pratiqué dans le glacier, par l'action des vents chauds du sud. Il était rempli d'eau entièrement liquide. Ce fait nous prouva que ce n'était point un lac, mais seulement le résultat de la fonte récente de la neige qui couvrait le glacier, puisque les lacs que nous avions laissés beaucoup plus bas étaient encore presque tout à fait glacés.

Au-dessus de cet amas d'eau s'élève en talus rapide et couvert de neige le glacier qui s'étend jusqu'au sommet du pic de Néthou. Entourés d'un épais brouillard, nous eûmes un moment d'indécision. Nos conducteurs étaient partagés d'opinion. Les guides inclinaient à attaquer franchement le glacier. Les chasseurs au contraire voulaient essayer de gravir la muraille de granit à laquelle nous étions adossés. Intrépides, autant que possible, quand il s'agissait d'escalader les rochers les plus escarpés, agiles comme de véritables isards, ces chasseurs perdaient toute leur assurance dès qu'ils avaient mis le pied sur la neige ; les glaciers leur inspiraient une terreur superstitieuse, et ce n'était déjà pas sans répugnance qu'ils s'étaient engagés sur le glacier de Coroné.

La densité de la brume dont nous étions environnés ajoutait encore aux difficultés déjà si grandes qui se presentaient dans le choix d'une voie dans ces déserts que nul homme n'avait parcourus jusqu'ici. Enfin, après une courte conférence, il fut convenu que les guides et les chasseurs essayeraient d'abord de grimper le long des rochers, et que si cette tentative ne réussissait pas, nous nous hasarderions alors sur le glacier. Quant à nous, nous devions rester où nous étions et attendre que les guides nous eussent fait connaître le résultat de leurs recherches.

Ils commencèrent donc à gravir le rocher, s'accrochant des pieds et des mains aux aspérités que présentait la surface exfoliée du granit. Bientôt ils disparurent à nos yeux, enveloppés par le brouillard. Le bruit des pierres qu'ils ébranlaient et qui se détachant roulaient jusqu'à nos pieds, nous annonçait seul qu'ils persévéraient dans leur entreprise. Cependant au bout de quelques minutes nous les vîmes revenir, désespérant absolument de parvenir au sommet par cette voie. Le peu de solidité qu'offrait la surface du granit décomposée par l'action des agents météoriques, si énergiques à ces grandes hauteurs, les avait empêchés d'aller bien loin. En compensation, ils nous rapportèrent l'heureuse nouvelle que les nuages qui nous entouraient n'atteignaient pas le sommet du pic, et que si nous pouvions nous élever encore un peu, nous les laisserions au-dessous de nous.

Nous nous dirigeâmes donc vers le glacier qui était notre dernière espérance. Nous prîmes toutes les précautions nécessaires pour nous engager sur ce glacier inconnu, et qui pouvait recéler de dangereuses crevasses. Au reste, nos préparatifs ne furent pas longs; ils consistèrent tout simplement à nous attacher les uns aux autres avec une corde. Chacun de nous était séparé de celui qui le précédait par une distance d'environ 3 mètres. De cette manière, si nous eussions rencontré quelque crevasse, et que la neige eût cédé sous les pieds de quelqu'un d'entre nous, il eût été retenu dans sa chute par ses compagnons et n'eût couru aucun péril.

Au surplus cette mesure que nous avait suggérée l'expérience de nos guides se trouva inutile. La partie supérieure du glacier était très-saine. Nous ne vîmes aucune crevasse. Peut-être étaient-elles encore couvertes de neige. La pente du glacier était même si peu rapide que nous pûmes nous débarrasser de nos crampons qui eussent inutilement entravé notre marche.

Nous nous attendions tous à éprouver quelques-uns des phénomènes dus à la raréfaction de l'air, et qui généralement viennent encore ajouter aux difficultés des grandes ascensions. Il n'en fut pourtant pas ainsi. Seul, après avoir fait quelques pas sur le glacier, M. de Tchihatcheff fut atteint de nausées assez violentes pour être obligé de s'arrêter de temps en temps, et de se coucher sur la neige. Quelques instants de repos suffisaient pour le remettre entièrement, et lui permettre de continuer sa route. Quant aux autres, ni les guides, ni moi ne ressentîmes rien de particulier. Nous n'eûmes même pas à combattre cette lassitude, ce malaise si pénibles, qui accompagnent, dit-on, si souvent la présence de l'homme dans ces régions élevées qui n'ont pas été faites pour lui.

Peu de temps nous suffit pour atteindre la partie supérieure du glacier où le roc se montre à nu. Nous pensions avoir gagné le point culminant de la montagne, quand nous vîmes à une quarantaine de pas de nous se dresser une dernière aiguille, qui pouvait avoir dix mètres de hauteur. Nous trouvant sur la terre ferme, nous nous débarrassons de nos cordes, et nous nous élançons comme à l'envi vers ce dernier rocher.

Sur le point d'y parvenir, nous nous arrêtons frappés de stupéfaction à l'aspect du passage qui nous reste à franchir pour y arriver. Nous sommes séparés du pic de Néthou par une arête extrêmement aiguë; à droite, s'ouvre sous nos pieds un abîme au fond duquel se déroule le glacier de Coroné et les eaux noirâtres de son lac; à gauche, à une profondeur un peu moins grande, la partie orientale du glacier du Néthou s'abaisse par une pente des plus rapides. Pour comble de difficultés le sommet de cette arête est encombré de fragments de granit désaggrégés par la gélée, ou disloqués par les coups de foudre, et très-dangereux à cause de leur peu de stabilité. Ce pont de Mahomet est pourtant la seule voie qui s'offre à nous pour arriver au but après lequel nous courons depuis si longtemps.

Nous hésitâmes un moment, je l'avoue, avant de nous engager sur cet étroit passage; mais la vue de nos chasseurs qui s'avançaient d'un pas aussi ferme que s'ils eussent été sur une grande route, nous engagea bientôt à les imiter. Pour nous frayer la marche, ils précipitaient dans l'abîme les quartiers de rocs peu solides. Ces fragments frappant le rocher dans leur chute, semblaient l'ébranler jusque dans ses fondements; ils bondissaient avec violence, et rejaillissant sur le glacier, ils allaient s'engloutir dans le lac avec la rapidité et le retentissement de la foudre. Tel était pourtant le sort réservé à celui d'entre nous dont un vertige viendrait troubler la vue, ou dont le pied mal assuré glisserait sur le roc.

Heureusement aucun de ces accidents ne nous arriva. Nous avançâmes peu à peu, passant nos bras par-dessus l'arête, et nous soutenant avec notre bâton ferré. Nos pieds étaient posés sur les aspérités du rocher. Ainsi suspendus au-dessus d'un affreux précipice, nous n'avions qu'à baisser les yeux, pour voir au-dessous de nous les eaux du lac de Coroné ; tandis que si nous eussions laissé échapper notre bâton, il eût été se perdre dans les crevasses du glacier de Néthou.

Ainsi à cheval pour ainsi dire sur le sommet de la montagne, nous ne mîmes que quelques secondes pour franchir ce dangereux passage. Enfin, nous posâmes le pied sur le pic jusque-là vierge du pas de l'homme. Nous pouvions goûter sans restriction le plaisir d'avoir réussi à conduire à une heureuse fin une expédition si souvent tentée, et toujours inutilement. La joie de nos guides n'était pas moins grande que la nôtre. La fierté du brave Jean, notre guide-chef, était tout à fait risible. Il se regardait vraiment comme le Christophe Colomb de la Maladetta. A peine arrivés sur le sommet du pic de Néthou, les guides commencèrent à ramasser des fragments de rochers, et à dresser une pyramide, comme pour prendre possession du lieu. Ils l'élevèrent assez haut pour qu'on pût l'apercevoir du port de Benasque, et qu'elle servît ainsi à constater l'heureux succès de notre ascension.

Après quelques moments donnés à la satisfaction que nous causait notre triomphe, nous commençâmes à examiner les objets qui nous entouraient. Le sommet du pic de Néthou est une plate-forme d'une trentaine de mètres de longueur, sur six à huit mètres de largeur. Ce plateau est entièrement couvert de fragments de granit de diverses formes et de grosseurs très-variées. De tous côtés, excepté de celui de la rampe par laquelle nous étions arrivés, s'ouvrent d'effroyables précipices. A l'ouest, le glacier de Coroné développe jusqu'au lac son tapis éblouissant. Au sud, se creusent sous nos pieds la gorge sauvage de Malibierne et ses profonds escarpements.

Au nord et à l'est, s'étend le glacier de Néthou, presque partout couvert de neige et ne montrant qu'en quelques endroits son dos bleuâtre et fendillé.

La partie supérieure de ce glacier est fort peu rapide, mais un peu plus bas il se recourbe en forme de dôme, et son inclinaison devient alors excessive. Cet endroit est sillonné de profondes crevasses. Quelques-unes sont d'épouvantables abîmes, qui engloutiraient infailliblement celui qui se hasarderait sur ces pentes dangereuses. Il y a de ces crevasses qui n'ont pas moins de 8 à 10 mètres de largeur, et une immense profondeur. Au fond de quelques-unes grondent des torrents furieux, alimentés par la fonte du glacier. Les crevasses les plus considérables ont ordinairement une direction parallèle à celle de la crête de la montagne. Les autres sont moins grandes, et méritent plutôt le nom de fissures.

Comme nous l'avaient annoncé nos guides, le brouillard s'était dissipé, et nous pouvions jouir sans obstacle de la magnificence de l'horizon que l'on embrasse du haut de la Maladetta. Au premier coup d'œil, on ne saisit qu'un immense chaos, du milieu duquel s'élancent les cimes les plus élevées des plus hautes montagnes de la chaîne ; mais bientôt un examen plus attentif fait découvrir un ordre admirable jusque dans ce désordre apparent. L'on distingue d'abord le faîte de la chaîne centrale qui court de l'est à l'ouest, toute déchiquetée et hérissée de mille pics. De cette crête se détachent de nombreux rameaux formant ces longues vallées transversales qui portent d'un côté à la Garonne, de l'autre à l'Èbre, le tribut des eaux de ces montagnes et de leurs glaciers. A mesure qu'ils s'éloignent du centre des Pyrénées, les chaînons qui séparent ces vallées s'abaissent. Dans un immense lointain se développent à nos yeux les plaines de la Gascogne et de la Catalogne, où brillent, comme autant de rubans d'argent, les eaux des rivières qui arrosent et fertilisent ces belles provinces.

Nous restâmes plus d'une heure à admirer ce superbe point de vue. Il fallut ensuite songer au retour, et regagner avant la nuit des contrées moins inhospitalières. Néanmoins, avant d'abandonner définitivement le pic de Néthou, nous voulûmes constater d'une manière irrécusable nos droits à la priorité de cette ascension. Dans un creux qu'avaient ménagé nos guides dans la pyramide qu'ils avaient élevée, nous déposâmes une bouteille bouchée avec soin. Nous y avions renfermé une feuille de parchemin contenant la date de notre expédition, nos noms, et ceux de nos braves guides.

Nous jetâmes ensuite un dernier regard autour

de nous, et nous repassâmes sans encombre la rampe étroite qui nous avait amenés au sommet du pic. Quand nous fûmes arrivés près du glacier, nous délibérâmes sur la voie que nous suivrions pour regagner la Rencluse où nous devions passer encore cette nuit.

Encouragés par le succès, nos guides voulaient nous y conduire directement, en traversant le grand glacier de la Maladetta. Deux heures auraient suffi alors pour atteindre le bas de la montagne. Ce chemin n'offrait à nos regards aucun obstacle, aucune difficulté, presque aucun danger. C'est la route qui, dès qu'on aperçoit la Maladetta, s'offre au premier regard comme la meilleure et la plus naturelle. C'est aussi en réalité la moins périlleuse, ainsi que le démontra jusqu'à la dernière évidence notre seconde ascension. Cependant aucun de ceux qui nous avaient précédés sur la montagne ne l'avait prise. Le jour même de notre départ de la Rencluse nous avions en vain sollicité nos guides de faire au moins une tentative de ce côté. Les chasseurs d'isards ne purent s'y décider ; ce furent encore eux qui empêchèrent de choisir cette voie pour le retour.

Un funeste accident, qui avait signalé la dernière ascension à la Maladetta, contribuait encore à augmenter leur répugnance pour les glaciers. En 1824, Barrau, un des guides les plus estimés de Bagnères-de-Luchon, entreprit de conduire deux voyageurs aux pics de la Maladetta. Par un premier acte de témérité, il laissa son fils à la cabane du Plan-des-Étangs, et ne craignit pas de s'aventurer seul avec deux étrangers au milieu de ces neiges éternelles. Par une imprévoyance encore plus inconcevable, il négligea de se munir de cordes. Ce fut cette dernière imprudence qui lui coûta la vie.

Ils étaient arrivés presque à la crête de la montagne, lorsqu'une profonde crevasse se présenta devant eux. Elle était trop large pour être franchie. Barrau se décida à suivre ses bords, jusqu'à ce que quelque pont de neige lui permît de la traverser Après avoir parcouru une certaine distance, il vit la crevasse disparaître sous la neige. Il sonde avec son bâton férré et trouvant la glace ferme, il s'élance en avant. Par malheur, la crevasse formait en cet endroit un coude brusque, et il tomba précisément dans le danger qu'il avait voulu éviter. La neige trop mince céda sous ses pieds et il fut précipité vivant dans cet horrible tombeau. Sa chute ne fut pourtant pas assez rapide pour qu'on ne l'entendît pas encore gémir quelque temps, et s'écrier d'une voix déchirante : J'enfonce, j'enfonce.

Dénués de cordages et de tout ce qui pouvait

les aider à sauver leur malheureux guide, les voyageurs furent contraints de redescendre précipitamment au Plan-des-Étangs, où ils apprirent au fils de Barrau le malheur qui venait d'avoir lieu. Celui-ci courut à Bagnères-de-Luchon, d'où l'on apporta tous les instruments de sauvetage. Mais il était trop tard, et l'on ne put même retrouver le corps de l'infortuné Barrau.

Cet accident, qu'un peu de prudence eût prévenu, inspira aux guides une terreur superstitieuse pour les glaciers de la Maladetta. Aussi, depuis cette époque, nulle excursion n'avait été tentée sur les flancs de cette montagne. Même avant cette catastrophe, on avait toujours préféré s'exposer aux plus grands dangers, plutôt que de prendre la voie la plus courte et la plus commode. C'est une chose digne de remarque, que la même circonstance s'était déjà présentée dans les différents essais qui furent tentés pour s'élever jusqu'à la cime du Mont-Blanc. Saussure nous apprend que la voie qui s'offrait au premier coup d'œil comme la plus sûre et la plus facile fut précisément celle que d'absurdes préjugés empêchèrent de choisir pendant longtemps. Ce ne fut pourtant qu'en la prenant que l'on parvint plus tard à arriver au sommet.

Les chasseurs ayant opposé une invincible résistance au projet des guides de nous ramener par le glacier, nous dûmes donc regagner les bords du lac de Coroné. Nous nous attachâmes de nouveau les uns aux autres, et reprîmes le chemin de la brèche, où nous avions essuyé de si rudes coups de vent. La violence des raffales était toujours la même. Elles nous surprenaient d'autant plus qu'un calme profond régnait sur la cime du pic de Néthou. Nous n'en fûmes que plus confirmés dans notre opinion que la bourrasque qui se faisait sentir sur ce point de la crête ne devait son origine qu'à la position de cette échancrure. Elle était le seul passage par lequel pouvait se dégager le vent du sud, qui venait se heurter, s'accumuler pour ainsi dire, dans l'enceinte du lac de Coroné.

Nous côtoyâmes le lac de Coroné sur le glacier qui borde sa rive septentrionale, et qui s'étend en demi-cercle autour d'elle. Les insectes engourdis par le froid se trouvaient épars sur sa surface, aussi bien que sur la partie qui entoure la base du pic.

Nous longions depuis quelque temps les bords du lac, lorsque nous vîmes tout à coup nos guides et nos chasseurs se coucher à plat sur la neige, et nous faire signe de les imiter, en observant le plus profond silence. Nous leur obéîmes sans pouvoir deviner la cause de cette étrange manœuvre. Nous ne tardâmes pas à en avoir l'explication. Quatre superbes bouquetins gravissaient à peu de distance de nous l'immense falaise de rochers qui forme la crête de la Maladetta. L'adresse avec laquelle ils saisissaient avec leurs pieds les plus petites aspérités du roc était vraiment admirable. Les traits de nos chasseurs exprimaient le désespoir le plus comique. Habiles tireurs, ils n'eussent pas manqué de se rendre maîtres de quelqu'un de ces beaux animaux, et ils ne pouvaient se consoler de ne pas avoir leurs armes avec eux. Quand les bouquetins furent arrivés à l'endroit le plus escarpé, les chasseurs et les guides se levèrent en poussant de grands cris. Nous comprîmes alors pourquoi ils nous avaient fait garder une immobilité parfaite. Ils voulaient que notre apparition subite effrayât ces animaux. Ils espéraient que la terreur que ressentiraient ces hôtes des montagnes pourrait leur faire hâter leur marche et occasionner à quelqu'un d'entre eux une chute qui lui serait funeste.

Il n'en fut pas ainsi. Les bouquetins semblaient rassurés par leur position inaccessible, en même temps qu'ils semblaient redouter le danger qui les aurait menacés s'ils fussent venus à faire un faux pas. Ils continuèrent leur marche aussi paisiblement que s'ils ne se fussent pas aperçus de notre présence, et nous les vîmes disparaître bientôt derrière le faîte de la Maladetta.

Le bouquetin n'a jamais été très-commun dans les Pyrénées. Il a toujours habité les lieux les plus sauvages et les plus retirés, le voisinage des neiges éternelles. Néanmoins les chasseurs ont été le relancer jusque dans ses retraites les plus inaccessibles. Aussi a-t-il disparu presque entièrement de nos montagnes. Ce n'est plus que sur les cimes de la Maladetta, sur les sommités les plus ardues de quelques hautes montagnes des Pyrénées espagnoles, que l'on en rencontre de temps en temps quelques individus.

Nous passâmes du bassin du lac de Coroné dans celui du lac de Grégonio, par une brèche pratiquée dans la muraille de rochers qui sépare ces deux lacs. Ce passage n'est autre chose qu'une corniche fort étroite, et en quelques endroits fort difficile, qui règne sur la base même du pic de Malibierne. Ce pic, dont la hauteur n'a point encore été mesurée, paraît pourtant inférieur en élévation aux autres pics de la Maladetta, si l'on en excepte peut-être celui d'Albe. Il est composé, suivant l'observation de M. Cordier, de couches de dolomie grise et de blanche. Ces couches se redressent verticalement, et se recourbent au sommet du pic, pour envelopper le granit auquel elles sont immédiatement adossées.

Au lieu de suivre, comme nous l'avions fait la veille, la rive méridionale du lac, nous côtoyâmes à une assez grande hauteur sa rive opposée. Nous eûmes d'abord à passer une pente très-rapide, uniquement composée de menus fragments de dolomie détachés du pic de Malibierne. Le bruit que faisaient, en roulant les unes sur les autres, les pierres que nous déplacions dans notre marche, donna l'éveil à une troupe d'isards cachés entre les rochers des bords du lac. L'œil exercé de nos montagnards ne tarda pas à les découvrir. Ils nous les montrèrent, et nous vîmes à notre tour ces jolis animaux faire leur retraite sur un champ de neige peu éloigné de nous.

Ces isards n'étaient pas moins de dix-sept. Parmi eux, il y en avait deux qui étaient très-jeunes. Insoucieux d'un danger qu'ils ne connaissaient pas encore, ou peut-être trop faibles pour marcher aussi vite que les autres, ils restaient quelquefois un peu en arrière de la troupe. Leurs mères veillaient alors sur eux avec une touchante sollicitude. Nous vîmes plusieurs fois l'une d'elles pousser son petit avec ses cornes, quand il n'avançait pas assez vite au gré de ses désirs et de son inquiétude toute maternelle.

Lorsque nous eûmes laissé derrière nous le pic de Malibierne, nous sortîmes des pierres mouvantes pour entrer sur une vaste plaine de neige très-fortement inclinée vers le lac. De tous les passages que l'on peut rencontrer dans les hautes montagnes, ces traverses de neige sont les plus redoutables. En effet, la surface de ces neiges est presque toujours durcie par le froid, au point de ne pas céder sous le pied. Il est facile de se figurer combien on a de peine à avancer sur cette superficie glissante. Le péril n'est pas moins grand que la fatigue. Souvent ces déclivités aboutissent à un précipice. Dans ce cas une chute est presque toujours fatale. Une fois lancé sur ce talus rapide, il est presque impossible de se retenir, et un faux pas est souvent suivi d'une catastrophe funeste. Le danger est bien moins grand lorsque l'on gravit ces pentes en ligne droite. On a d'abord toujours plus d'assurance dans la marche quand on monte, ensuite, si le pied vient à manquer, on tombe sur les genoux, et on a encore la ressource du bâton ferré pour s'arrêter. Quand au contraire on est obligé de suivre transversalement ces champs de neige si inclinés, on est exposé à ce que les deux pieds glissent à la fois, et il est bien difficile de se retenir dans une chute si rapide.

Ce ne fut donc qu'avec les plus grandes précautions que nous nous hasardâmes sur le talus glacé qui borde la rive septentrionale du lac de Gregonio. La vue des eaux de ce lac à demi dégelé, qui se laissaient apercevoir au-dessous de nous à une profondeur effrayante, nous faisait sentir la nécessité indispensable de la plus grande prudence, mieux que toutes les représentations des guides. Celui qui marchait en avant brisait avec la pointe de son bâton ferré la croûte durcie qui recouvrait la neige tendre. Il marquait ainsi des pas, que chacun de nous suivait autant que possible. Le poste de celui qui frayait la marche étant infiniment plus pénible et plus dangereux que celui des autres, les guides se relayaient tour à tour dans cette fatigante opération.

Après avoir traversé sur des quartiers de roc plusieurs torrents qui sillonnaient cette étendue de neige, nous atteignîmes le sommet de la crête centrale, à peu de distance des deux pics qui portent spécialement le nom de pics de la Maladetta; bien que cette dénomination appartînt à plus juste titre au pic de Néthou, puisqu'il est la plus haute cime de cette montagne. A partir de ce point, la descente ne fut plus qu'un jeu. Un long vallon entièrement recouvert par la neige s'étend jusqu'à la base du glacier de la Maladetta. Nous n'eûmes qu'à nous laisser glisser pour être rendus en bas en quelques minutes.

De place en place, dans ce vallon neigeux, de longues traînées d'une substance rougeâtre tranchaient avec l'éblouissante blancheur de la neige environnante. Au premier coup d'œil, elle avait beaucoup d'analogie avec une poussière minérale mêlée à la neige. Telle fut aussi d'abord notre opinion. Mais nous vîmes bientôt que nous nous étions trompés. Cette coloration était due à la présence de ces corpuscules presque microscopiques, qui longtemps furent considérés comme des végétaux cryptogames. Mais des observations plus récentes de M. Schuttleworth ont démontré que ces petits êtres sont de véritables animaux infusoires, très-bien constitués, et doués d'un mouvement spontané.

La présence de cette singulière production de la nature a déjà été remarquée plusieurs fois dans les Alpes, et dans les neiges des régions polaires; mais c'est, je crois, la première fois qu'elle ait été observée dans les Pyrénées.

C'est à l'extrémité de ce vallon que se trouve la partie la plus basse du glacier de la Maladetta. Son niveau inférieur n'est pas constant. Dans ce moment le glacier semble tendre à prendre un accroissement lent, mais continu. Le pied de ce glacier, d'après la mesure prise par M. de Charpentier, le 11 septembre 1811, était élevé de 2,672 mètres au-dessus du niveau de la mer. Une seconde mesure prise le 21 septembre 1816, par M. Dumège, lui trouva 2,648 mètres de hauteur absolue. L'accroissement avait donc été pendant ces cinq années de près de vingt-quatre mètres et demi, ou environ cinq mètres par an. Le 24 juillet 1842, je déterminai barométriquement l'élévation actuelle de la partie inférieure du glacier, et je ne la trouvai plus que de 2,563 mètres. Le glacier s'était accru de 109 mètres depuis 1811, et de 85 mètres depuis 1816. L'accroissement continuait donc toujours, quoique avec moins de rapidité, puisqu'il n'était plus que d'un peu plus de trois mètres par an.

Le glacier de la Maladetta se termine brusquement à sa partie inférieure. Il n'est ni précédé d'une moraine, ni encaissé dans des parois de rochers. Il offre l'aspect d'une muraille coupée à pic. A sa base s'ouvre une profonde caverne d'où s'échappe en écumant un fougueux torrent, qui n'est autre que celui qui va se perdre au gouffre de Tourmon. C'est donc la véritable source de l'Esséra, qui ne disparaît un moment sous terre que pour ressortir un peu plus loin.

Cette caverne, dans laquelle il serait non-seulement téméraire, mais même impossible de pénétrer, paraît s'étendre assez loin sous le glacier, où elle communique sans doute avec quelque crevasse. L'eau sort avec violence par son ouverture; de temps en temps des bruits sourds ébranlent l'intérieur de cet antre; le torrent suspend un instant son cours; mais bientôt reprenant une nouvelle impétuosité, il s'élance de nouveau, entraînant avec lui des fragments de glace, qui, sans doute détachés de la voûte de la caverne, avaient opposé à la sortie de l'eau un obstacle momentané.

Peu de temps après sa sortie du glacier, l'Esséra

change tout à fait son allure. De bruyante et effrénée qu'était sa course, elle devient calme et paisible. Ce n'est plus un torrent fougueux ébranlant dans sa rage les obstacles contre lesquels il se heurte, c'est un clair et limpide ruisseau murmurant doucement au milieu d'une riante prairie. Les rochers s'écartent ; des bosquets de pins se groupent çà et là au milieu d'épais buissons de rhododendrum et de daphne. Jamais changement à vue plus rapide et plus complet n'est venu surprendre et charmer les regards. Nous étions, il y a quelques minutes, au milieu des sites les plus austères et les plus sauvages, et nous nous trouvons tout à coup au milieu d'un vallon délicieux. Sans l'aspect de la végétation alpine qui nous environne, nous pourrions croire que, d'un coup de sa baguette enchantée, un magicien nous a transportés en un instant du fond d'une des gorges les plus affreuses, au sein du plus gracieux des bocages.

Nous suivîmes le cours de ce joli ruisseau jusqu'au gouffre de Tourmon. Il court toujours au milieu de gazons verdoyants ; mais quelque temps avant d'arriver à la Rencluse, ses eaux se précipitent avec plus de rapidité. Il redevient torrent, comme il l'était à sa sortie du glacier, comme il doit l'être presque jusqu'à sa réunion à la Cinca.

Nous revîmes avec un grand plaisir notre gîte de la Rencluse. Le séjour si incommode de la cabane de Malibierne nous faisait apprécier encore mieux les avantages de notre première station. Un orage assez fort, quoique moins violent que celui que nous avions éprouvé à cette même place, vint encore fondre sur nous cette nuit.

Le lendemain, de bonne heure, nous nous mîmes en route pour regagner la France. Au lieu de nous diriger vers le port de Benasque, par lequel nous étions venus, nous prîmes le parti de rentrer par le port de la Picade, situé plus à l'est. Il établit une communication entre la vallée de l'Esséra et celle de la Garonne, par le vallon d'Artigues Tellin. Un autre sentier conduit aussi à l'hospice de Bagnères. En choisissant ce chemin pour le retour, nous nous réservions le moyen d'explorer encore une partie des bases de la Maladetta, et de visiter en outre le gouffre du Toro, où vont se perdre les eaux provenant des glaciers situés à l'est de celui de la Maladetta.

Un mamelon de pins fait suite à une longue arète, qui, partant de la crête supérieure de la Maladetta, s'étend jusqu'à sa base. C'est la ligne de séparation entre les eaux que reçoit le gouffre de Tourmon, et celles qui se rendent au gouffre du Toro.

Le gouffre est creusé dans le calcaire de transition. Il s'ouvre au fond de la vallée de l'Esséra, au pied même de la Maladetta. Il occupe une grande excavation creusée dans le rocher, qui forme le fond de la vallée. De trois côtés ses parois sont perpendiculaires et fort élevées. De l'autre côté une pente douce conduit au fond du gouffre et permet de l'examiner aussi commodément que possible. C'est par là qu'arrive l'eau d'un torrent assez abondant.

La nature du fond de ce gouffre est exactement pareille à celle du gouffre de Tourmon. Dans l'un et dans l'autre, il est composé de gravier fin et de fragments rocheux de peu de grosseur. C'est à travers cet amas que s'infiltre l'eau qui disparaît avec une rapidité bien grande. Quelque fort que soit le volume d'eau qu'y apporte le torrent, elle ne déborde jamais au-dessus de la cavité qui la reçoit. Cependant l'abondance des eaux qui s'y rendent est quelquefois très-considérable, principalement dans les grandes fontes de neiges du printemps, ou après les orages de l'été.

Quelquefois, il est vrai, l'eau atteint une assez grande hauteur pour ne pas permettre de distinguer la nature du terrain où elle se perd. Cependant ordinairement une grande partie du sol reste à découvert. Le peu de profondeur de l'eau qui couvre le reste, et son extrême limpidité, laissent voir le fond aussi nettement que s'il était à sec. Quelques pins pittoresquement jetés sur les rochers qui entourent le gouffre étendent au-dessus de lui leurs rameaux touffus. Leur sombre verdure y entretient une demi-obscurité mystérieuse. De nombreuses bandes de pyrrocorax ont fixé leurs nids sur les corniches de la roche. Ils ne cessent de tourbillonner en croassant au-dessus de l'eau. Le peu de frayeur qu'inspire à ces oiseaux la présence de l'homme, atteste suffisamment combien sont

BIBLIOTHÈQUE ROYALE

rares les visiteurs qui viennent les troubler dans leurs solitudes. Et cependant cet endroit est un des plus curieux des Pyrénées ! et cependant il n'est qu'à quelques heures de Bagnères-de-Luchon !

Que devient l'eau qui se perd dans ce gouffre ? L'opinion commune des habitants du pays veut que ce soit elle qui ressorte de terre dans le vallon d'Artigues Tellin, pour aller ensuite grossir le cours de la Garonne. Non-seulement cette opinion n'a rien d'improbable, mais encore tout se réunit pour la faire croire bien fondée. Cependant, il faut le dire, aucune expérience directe n'a encore été tentée pour s'assurer de la réalité de cette hypothèse. La finesse du gravier qui remplit les interstices des rochers à travers lesquelles filtre l'eau, ne permet pas à celle-ci d'entraîner avec elle les corps légers qui pourraient ensuite reparaître à sa sortie de terre. Ce serait donc par le moyen de substances fortement colorantes, et solubles dans l'eau, que l'on pourrait démontrer, *de visu*, cette communication souterraine entre la vallée de l'Esséra et celle de la Garonne.

Néanmoins, à défaut de ces preuves matérielles qui ne permettent même pas le plus léger doute, toutes les présomptions sont en faveur de cette correspondance. En effet, le volume d'eau qui sort à Artigues Tellin est sensiblement le même que celui que reçoit le gouffre du Toro. La source qui jaillit dans ce vallon croît et décroît proportionnellement à la quantité d'eau que roule le torrent qui descend de la Maladetta. Ainsi, on voit souvent grossir subitement la source d'Artigues Tellin, quoique le temps soit très-serein sur le versant septentrional des Pyrénées. On tire de ce signe le pronostic qu'un orage a éclaté sur la Maladetta, et jamais ce présage n'a été trompeur. En outre, les hauteurs qui entourent le vallon d'Artigues Tellin se dépouillent entièrement de neige pendant l'été. Alors l'eau qu'elles reçoivent des pluies ne serait plus suffisante pour alimenter une source aussi considérable. La fusion des glaciers de la Maladetta ne cesse au contraire jamais d'entretenir de nombreux torrents.

Une observation constante dans les Pyrénées a démontré que le terrain de transition de ces contrées renferme fréquemment des grottes très-vastes. C'est ainsi que les grottes de Villefranche, d'Ussat, de Longbrive, de Bédillac, d'Écheil, de Moulis, de Gargas et de Troubat s'ouvrent dans ce terrain. C'est encore dans le calcaire de transition que se rencontrent les grottes de Lourdes, de Campan et un grand nombre d'autres non moins remarquables.

Il est probable que ces cavités naturelles ne sont

pas moins communes dans le calcaire de transition qui occupe le fond de la vallée de l'Causera. Sans parler des présomptions qui peuvent naître de l'identité du terrain dans des localités aussi peu éloignées, c'est indubitablement à ces excavations souterraines qu'il faut attribuer les enfoncements subits qui se manifestent souvent dans le sol de la partie supérieure de la vallée de l'Esséra. C'est sans doute par quelqu'une de ces cavernes que s'est établie cette communication entre les deux vallées. Ainsi, par une singulière anomalie, une partie des eaux de la Maladetta est venue se réunir à la Garonne, au lieu de suivre le cours que la nature semblait lui avoir tracé.

Ce fut près de ce gouffre que nous traversâmes la vallée de l'Esséra. Elle est partout couverte de riches pâturages et renferme plusieurs étangs que l'on pourrait presque nommer de petits lacs. Nous commençâmes ensuite à gravir la pente rapide qui nous séparait du port de la Picade. Cette partie de la montagne est moins aride que Penna Blanca. Le calcaire grenu qui forme le fond du terrain s'y montre moins souvent à nu. Un gazon serré et piquant recouvre presque partout le sol. En revanche la végétation est bien moins variée qu'à Penna Blanca.

Après deux heures de marche nous atteignîmes le faîte de la chaîne et le port de la Picade, dont M. de Charpentier a calculé la hauteur à 2,422 mètres au-dessus du niveau de la mer. Là, nous fîmes halte un instant pour donner un dernier coup d'œil à cette montagne où depuis quatre jours nous avions bravé tant de fatigues, à ce pic auquel nous venions d'enlever sa réputation d'inaccessible. Nos guides remarquèrent avec une grande satisfaction que la pyramide qu'ils avaient élevée sur le sommet du pic s'apercevait du port de la Picade. Le succès qu'ils avaient obtenu avec nous leur semblait si étonnant, qu'ils craignaient qu'on n'ajoutât pas foi à leur récit, s'ils ne pouvaient montrer cette preuve matérielle de la réussite.

Cette première ascension au pic de Néthou nous avait bien démontré la possibilité de parvenir au but, mais nous n'avions pu faire à son sommet aucune des expériences dont il eût été si intéressant de connaître le résultat. L'incertitude où nous étions au moment de notre départ sur l'issue de notre entreprise nous avait empêchés de nous charger d'instruments, qui peut-être nous eussent été inutiles. Quand nous eûmes constaté que l'on pouvait atteindre le sommet de la Maladetta, nous désirâmes y retourner pour faire les observations que le défaut d'instruments nous avait mis dans l'impossibilité de faire à une première expédition.

Nous consacrâmes une journée à nous procurer les instruments nécessaires pour mesurer barométriquement la hauteur du pic, et pour y faire les expériences tant hygrométriques que celles relatives au degré de l'ébullition de l'eau. M. le docteur Fontan mit la plus grande complaisance à nous seconder dans nos recherches, et à nous confier plusieurs instruments qui étaient en sa possession. Grâce à son obligeance, nous pûmes, le 23 juillet, nous diriger de nouveau vers la Maladetta. Nous avions cette fois un nouveau compagnon de route, M. Laurent, professeur de chimie à Bordeaux.

Nous allâmes, comme la première fois, bivouaquer à la Rencluse. Comme la première fois encore, nous y fûmes assaillis par un violent orage. C'était le troisième que nous éprouvions dans notre séjour en ce lieu. Cette fréquence des orages est beaucoup plus grande sur le côté des Pyrénées qui regarde l'Espagne, que sur la partie française. Cette circonstance est, il me semble, d'un grand poids en faveur de l'explication que donnent plusieurs auteurs de la rapidité du versant méridional de ces montagnes, qui est bien plus forte que celle du versant septentrional.

Ces savants pensent que cette différence doit être attribuée à la multiplicité des orages qui viennent fondre sur la partie exposée au sud. Quelle que soit la raison de cette différence entre les deux versants, elle est si évidente qu'elle frappe dès le premier abord, et on ne peut guère l'expliquer autrement.

Une consultation eut lieu le 24, dès le matin, pour décider de quel côté serait attaquée la montagne. La réussite de notre première expédition avait donné plus de hardiesse à nos guides. Ils redoutaient moins le glacier depuis qu'il avaient vu le peu d'obstacles que nous avait opposés sa partie supérieure. Aussi réussîmes-nous à les déterminer à choisir la voie la plus courte et la plus directe, celle du glacier. L'événement prouva combien elle était préférable à l'autre. Nulle difficulté sérieuse ne se présenta à vaincre. Six heures d'une marche peu fatigante suffirent pour exécuter une ascension, qui, la première fois, ne nous avait pas coûté moins de deux jours de courses des plus pénibles, souvent même des plus dangereuses.

Un de nous devait rester à la Rencluse pour faire les observations barométriques correspondantes à celles qui seraient faites au sommet du pic. Outre les observations faites à cette station, dont la hauteur avait été déjà déterminée par M. de Charpentier, M. Fontan voulut bien se charger de noter la hauteur du baromètre à Bagnères de-Luchon.

Le sort me désigna pour rester au bas de la montagne. J'observai la hauteur barométrique de dix minutes en dix minutes, jusqu'au moment où j'aperçus la petite caravane qui commençait sa descente. Je profitai alors de l'oisiveté forcée à laquelle je me voyais condamné, pour déterminer la hauteur de la limite inférieure du glacier de la Maladetta. J'ai donné plus haut le résultat de ces observations.

Quant à celles qui furent faites par M. de Tchihatcheff, tant au sommet du pic de Néthou, que dans les divers instants de l'ascension, je me bornerai à copier textuellement cette partie du rapport qu'il adressa peu de jours après à l'Académie royale de Toulouse.

1° Le mesurement barométrique a donné 3,370 mètres pour la hauteur absolue du pic de Néthou. Ce chiffre diffère de celui obtenu par le colonel Corabeuf, dan sa triangulation générale des Pyrénées, de 34 mètres, tandis que celui des physiciens Reboul et Vidal s'éloigne de ce dernier de 78 mètres. Les baromètres dont je me suis servi, quoique fort bons, n'avaient peut-être pas toute la précision voulue pour les observations d'hypsométrie. C'est sans doute la cause de la différence qui se trouve entre mes résultats et ceux du colonel Corabeuf.

2° La moyenne de la température de plusieurs sources ou torrents a été de + 1 à + 5,2.

3° L'hygromètre de Saussure donna au sommet du pic, 67 à 68,5. Son thermomètre, 8,7.

4° La moyenne de la température de l'air fut pendant les quatre jours de la première ascension de + 8,5 et pendant les trois jours de la deuxième de + 9,3.

FIN.

BIBLIOTHÈQUE ROYALE

www.ingramcontent.com/pod-product-compliance
Ingram Content Group UK Ltd.
Pitfield, Milton Keynes, MK11 3LW, UK
UKHW031923260826
14628UKWH00003B/1369

9 782013 444071